아 참 아
세월 흐른 뒤
아름다움이 었다

우암 윤신행 詩集

書都文人畵

이름 모를
들꽃으로 살았습니다.
아무에게도
인식되어지지 않는
삶으로
그 이유 없는 운명의 그늘에서
끝없는
질곡의 터널을 헤매인 후
어느 날
희미한 불빛이 겨우 스며들 즈음

때 잃은 사랑은
깊은 고뇌에 싸여
손 흔들며
밀려가고 있었습니다.
어찌합니까.
가슴으로 울어 넘친
그 숱한
"눈물"
눈물의 강을…

◎ 차 례 ◎

제1부 대유평(大有坪)

- 성우 / 13
- 대유평 역에서 / 15
- 님을 부릅니다. / 16
- 흔적 / 17
- 동행 / 18
- 만남을 숙명으로 알고 / 19
- 그래도 님을 잊지 못합니다. / 20
- 대유평의 망부석 / 21
- 大有坪의 燈臺 / 22
- 대유평의 30년 / 23
- 님이 머물던 자리 / 25
- 발자국 / 27
- 인고의 뒤안길에서 / 28
- 대유평 / 29
- 그 때 그 자리에서…… / 30
- 우리집 방에는 먼지만 쌓였어라 / 31
- 가로등 / 32
- 통통선 그리고 나 / 33
- 모두 잘되게 하소서 / 34

제2부 별리(別離)

- 별리 1 / 37
- 별리 2 / 38
- 별리 3 / 39
- 별리 4 / 40
- 별리 5 / 41
- 별리 6 / 42
- 별리 7 / 43
- 별리 8 / 44
- 별리 9 / 45
- 별리 10 / 46
- 별리 11 / 47
- 별리 12 / 48
- 별리 13 / 49
- 별리 14 / 50
- 별리 15 / 51
- 별리 16 / 52
- 별리 17 / 53
- 별리 18 / 54
- 별리 19 / 55
- 별리 20 / 56
- 별리 21 / 57
- 별리 22 / 58
- 별리 23 / 59
- 별리 24 / 60
- 별리 25 / 61
- 별리 26 / 62
- 별리 27 / 63
- 별리 28 / 64

제3부　예로(藝路)

- 藝路(筆硯의 苦) / 67
- 한 생에 / 69
- 藝路 / 70
- 藝香 / 71
- 藝路(영혼의 무지개) / 72
- 藝花 / 74
- 書道·Ⅰ / 75
- 書道·Ⅱ / 76
- 書道·Ⅲ / 77
- 書道·Ⅳ / 78

제4부　마음의 등대

- 등대 / 83
- 牛龍閣 脫大圓鐘 / 84
- 오늘은 / 86
- 늦가을 / 87

제5부 因緣의 님이기에

- 민들레처럼(아들의 결혼에 붙여) / 91
- 이종선님의 정년식 / 92
- 是然선생님께(고은) / 94
- 님은 할 수 있어요 / 95
- 金炳淵님(삿갓의 묘소에서) 1 / 97
- 金炳淵님(삿갓의 묘소에서) 2 / 98
- 金炳淵님(삿갓의 묘소에서) 3 / 99
- 日月의 同伴者 / 100
- 님을 만나 따뜻했습니다. / 101
- 인연 1 / 103
- 인연 2 / 105
- "어버이"에 흘린 눈물 / 106

※ 跋文 / 107

제1부
大有坪

> 태어나면서부터
> 너를 사랑함이
> 어쩔 수 없는 운명이었다면
> 그것만으로도
> 나의 삶은 행복이다.

城 友

우리들의 기나긴 꿈이
어느 날 어설픈 현실의 문을 열고
대유평의 무대에서
한의 둥지를 틀었을 때
두려움과 설레임으로 시작한
日月의 언저리엔
그 간절한 소망이 싹트기 시작했습니다.

기나긴 시간
기다림에 녹슨 학창을
대유평의 용광로에 담금질하며
우리는 이 세상에 다시 무엇인가를
기대할 수 있도록
울창한 숲으로 성숙해 갔습니다.

지난날
질곡의 터널을 헤매임조차
짜여진 운명임을 인정하며 살아왔듯
비로소 우리들의 발길이
대유평을 향함에 가벼워질 때
한 때의 좌절은 향기로운 꽃으로 벌고 있었습니다.

이제 우리는
이 무대에서 벼리어진
영혼과 육체의 향연을 위해 비축된 리듬으로
우리의 존재에 꿈이 영글고
우리의 골속 깊이 양분으로 승화돼
분신으로 영근 城友는
우리가 가꾸고 사랑해야 할
소중한 몫입니다.

대유평 역에서

아직도
이곳에서 떠나지 못하는
어리석음이 있습니다.

운명처럼
기약없이 맡겨진 이 역사에서
또 다시 기다려야 하는
어리석음이 있습니다.

연습도 없고
앙코르도 없는
단 한 번의 공연으로 끝나는 인생이련만

분주했던
지난날의 이 역사에서
문득 문득 마음 실어
누군가 추억이란 이름으로
손잡아줄
반가운 그 한 사람 그려봅니다.

조금은 더 성숙해졌을
님들의 모습이 그립습니다.

님을 부릅니다.

한없이 많은 세월이 흐른다 해도
님을 부를 수밖에 없는 어리석은 이 하나 있습니다.
님을 부르는 나의 메아리가
쉬이 소멸됨이 없이 님의 품에 다가가
추억이 밴 그리움의 늪을 출렁이게 하소서

긴 세월
두고두고 우리의 몫으로 남아있을
소중한 대유평
님의 마음속 깊이 간직된 대유평의 불씨에
기름이 되어 그대 추위로부터 스며드는
찬바람을 덥혀주고 싶습니다.

사람들이 하나 둘 대유평을 잃어버릴 때에도
나는 결코 이 자리를 일어서지 못합니다.
세월이 흘러가면 흔적도 지워지게 마련이라지만
내 가슴 각인된 상처는 조금도 치유되지 않습니다.

어느 날
망부석처럼 남아 님들의 앞길에 광영을 기원하는
몫으로 남으려……

흔 적

그토록 열망하던 우리들의 꿈을
희망 가득한 현실로 마름질해 준
든든한 대유평이
이맘때가 되면 언제나
우리들의 땀내음을 그리워합니다.

두고두고 잊지 못하는 첫사랑 연인처럼
깊이 각인되어진 그의 가슴 한켠에는
언젠가 예고 없이 찾아줄 그님을 향하여
늘 비워두고 있습니다.

님들의 수없는 발자국 소리가 들리고
來日을 향한 님들의 힘찬 숨소리가 들립니다.
사천삼백여 동문이여 님의 가슴속 깊이
내재된 깊은 흔적을 확인도 하고
그리운 얼굴도 보고 싶습니다.

동 행

어느 생애인가
그리운 사람들로
하나의 길에 놓여졌었을 님들이기에
그때의 이루지 못한 회한들이
오늘의 숙제로 남았습니다.

日月은 時空을 메우고
現在라는 明鏡 앞에
소중한 삶을 觀照하는
"오늘"
우리들 속에 잠재된 사랑의 꽃은
얼마나 벌고 있을까.

"남기지 말자"
모두를 내놓고
끝없이 주어도 잃어버릴 것 없는
"사랑"
영원히 뗄 수 없는
숙명의 만남이라면……

만남을 숙명으로 알고

떨쳐버리지 못하는 대유평의 정취 속에
알알이 수놓는 님들의 정기를 모아
오늘을 모자이크 합니다.

님들을 늘 그리워하는 습성도
이제는 세월만큼 쌓여진
내 가장 행복한 시간들임을 숨길 수 없습니다.

오늘도 이승에서 풀어야 할
연의 깊이가 쉬이 고갈됨이 없다면
우리는 또 다시 그리워하며 만날 뿐입니다.

님들을 알게 된 그날 이후
끝간데 없는 그리움으로
가슴 저밀지라도
물러설 수 없는 슬픈 행복이
나의 삶 전부였으면 참으로 행복하겠습니다.

그래도 님을 잊지 못합니다.

"어리석음이야 어디엔들 존재치 않으랴
깊이 젖어 들면 그보다 더한 행복이 없다지만……

어쩌면 이미 오래 전 망각이란 강기슭에
무수히 흘러버린 진실, 창조, 협동의 거창한 노래말은
무관심의 촉매에 의해 산화된 지 오래이고

어처구니없이 큰 바위가 되어 급류를 거스르려는
어리석은 자 몇몇이 망연자실 고개를 떨구고 있었습니다.
노도처럼 밀려오는 죄책감은 삶의 무게에 짓 눌렸음일까.

목 놓아 울고 싶은 심정을 참느라 가슴이 너무 아팠습니다.
능력도 없는 몸이 열정 하나만 믿고 너무 오랜 세월
회장직을 맡은 현실이 오늘을 만든 것이라고 생각합니다.

님이여!
나에게도 님에게 물을 수 있는 권리를 주십시오.
님의 대답을 듣고 싶습니다.

"님의 가슴 어딘가에 대유평의 추억을 모두 도려내지 못한 부분이 남아있는지……?

대유평의 망부석

오랜 그리움 가져본 사람은 알 수 있습니다.
사람 하나 그리워하는 일이 얼마나 가슴 미어지는 애
상인지를……

애매모호한 기억의 잔상들 속에
그리움은 슬픔인지 기쁨인지 알 수가 없습니다.
하지만 어떤 환영이든
그리움의 대상에 서있는 사람은 누구나 아름답습니다.

언제나 기다리는 그리움만 지녔다 해도
이 가을 국화 향내음 속에 떠오르는
님들의 모습 하나로 나는 지상에서
가장 행복한 마음으로 님을 부릅니다.

세월 가고……
대유평에 남겨둔 우리들의 발자국 위엔
나의 작은 한 부분이 자라고 있습니다.
그날을 되새기며……

大有坪의 燈臺

칠흑 같은 어둠이
간절하던 소망에 밀리고
먼동이 틀 무렵
우리는 대유평을 떠나야 했네

주체할 수 없는 감격에 젖어
한낱 스쳐 간 정류장으로
치부 말자던 대유평의 약속

시간에 녹아 내린
추억의 날들 속엔
하늘에서 땅끝까지
그대들 환영(幻影) 참 많이도 있습니다.

언제나 동행할 사람
그런 님들을 부르는 일에
"나"
밤새 불 밝히는 등대처럼
행복에 젖습니다.

대유평의 30년

대유펑에는 지금
거목이 되어 푸르름을 더해가는
사천오백여 동문이 삼십여 년 지켜온 울타리 안에서
탐스런 꽃으로 만발합니다.

족적을 떨구며 배움에 갈망하던
이 자리에는 오늘도 그날을 잊지 못해
그리운 추억에 젖어 있을 님을 위해
님의 心油에 작은 잎새 히니 떨굽니다.

세월 뒤에
그렇게 뒤돌아보며 뒤돌아보며
부모 곁을 떠나는 자식의 아쉬움으로 떠밀려 갔던
졸업의 향연

언젠가 다시 만날 수 있을 인연인 줄 굳게 믿고
오늘도 님을 부르는 나의 삶은 차라리
백색의 행복에 젖어, 젖어……
이 기다림의 고뇌를 차라리
내 생의 끝까지
담보로 한다 해도 아깝지 않겠습니다.

갖가지 행복들 중에
이제는 더욱 성숙되어 있을
"님을"
부르는 일로 나는 긴 세월 동안 행복에 젖습니다.

님이 머물던 자리

그 열기
그 한기 흘러내린
대유평의 강에
징검다리 되어 줄
단 한 사람
님을 찾습니다.

오랜 세월이 흐른 후
"그대"
그때의 향수에 젖을 때
물에 씻긴 고운 등으로 님을 반겨
받쳐줄 그 날을 위하여……
내 두 손 모을 수밖에 없는 마음입니다.

"님이여"
그대가 잠시 쉬어간 길을 잊었을지라도
먼 길을 돌아 돌아
언젠가 나를 다시 찾을 때
그 날을 위하여 추억이 밴
마음의 잎새 보냅니다.

님에게

가득히 채워 줄 양분도
마음에 감동을 안겨줄 사랑도
한없이 가난하기만 한 이 마음
그러나 시린 기억들도
따스하게 여겨지는 것은 어떤 연유일까요

우리가 이 계절에 다시 만날지는
알 수 없습니다.
그러나 그 날이 오늘이길 기도하며
나는 한없는 행복에 젖어 님을 부릅니다.
님을 부릅니다……

발 자 국

거부했던 날은 하나도 없습니다.
모래 위를 점점이 찍으며 힘겨운 발길
덩그러니 쫓아 오는 그림자 하나
마음같이 걸어지지 않는 세월이었지만

내일 또 내일
웃음 터트리며 행복의 예감으로
모래톱 넘어 어딘가에 있을
오아시스의 사랑을 가슴에 품고
점점이 찾아든 열사의 고뇌도 참기에 행복했습니다.

일월 가고
나는 대유평의 여정이 바람에 메워지는
모래톱의 발자국처럼 쉬이 끝나기를 바라지 않습니다.
그렇다고 어떤 집착도 원하지 않습니다.

삶이란
희로애락 교차 속에 어쩌다 아름다운 날이
잠시 찾아오기도 하지만 언젠가는 황혼 속으로
사라지기 마련이니까요.

이제
대유평에 흘러간 수많은 날들에 깊은 한숨 씻어낼 님의 이름 부릅니다.

인고의 뒤안길에서

우리는 운명처럼
들국화의 길을 갔네
대유평의 강기슭에 수놓은 발길
작은 점 하나 두고 가려
선택한 이 길

첫 발길 망설이고
둘째 발에 희망 심던 이 길
내장된 봄의 향기 가슴에 안고
늦은 계절 부여 받아 찾아온 이 길
때로
시샘의 바람 불어 애정의 열의가 시들 때면
비축된 인고의 기름을 붓기도 하고
성숙된 열매를 저마다 갈망하며
희망을 끌고 간 발자국 소리가
새로운 빛으로 다시 태어날
찬란히 빛날 그대 이름이여
그대 세계에 양질의 양분으로 살아 갈
수성인이여 사랑하리라.
님의 길에 대유평의 융탄자 깔아놓으리

대 유 평

어설프게 사랑해보고
대유평의 사랑이
힘겨웠다 넋두리 하나봅니다.
대유평에 대한 사랑에
바보처럼 집착함이
구태여 죄라면 죄이지만
나는 죄인의 자리에 눕고 싶습니다.
천추의 세월에도 의연한 바위처럼……

그 때 그 자리에서……

바람에 밀리는 구름처럼
기착지를 떠난 열차처럼
멀리 사라져간 발자국
그러나 아직도 몸에 밴 짙은 향내음

그리움이 죄일까 집착일까
오늘도 서성이는 대유평의 나그네
잊기엔 너무 소중한
마디 마디 젖어든 그리움……

우리집 방에는 먼지만 쌓였어라.

어느 생에선가 잠시 머물러 지나갔을
낯익은 희미한 발자국
인적 드문 오솔길 지나 오두막 하나
언젠가 찾아올 님을 위해
그 오두막은 문을 잠가 두는 법이 없다

그

언

젠

가

눈먼 현대에 풍우 한설을 느끼며 문득 추억의 대유평을
그리워 찾을 이를 위해
이 오두막에는 꺼지지 않는 군불을 지펴 놓으리라.

가 로 등

태초에
생멸의 여정에서
우연이란 이름으로
부여 받는 희열
한 생에
또 다른 무엇이 비교되지 않는
찬란한 짙은 향내음
질곡에
수없이 굴절된 칠흑의 밤길에
가로등 되어 준 대유평
소중한 꽃망울 벌게 한 대유평

통통선 그리고 나

"오늘은"
격랑의 대해를
지나
정박된 포구

박토에
미흡된 양분을
인고의 양약으로
채색한 자리

굴절된
삶의 뒤안길에서
늪과
언덕을 뒤로 한 자리

"목전엔"
꽃이며
향기며
넉넉한 기다림에
가슴 부푼 포구

모두 잘되게 하소서

이 길은 어두운 밤길의 횃불이었습니다.

하나님

이 길에 인고의 발자국을 떨구고 지나간 모든 이와
그리고 우리들의 발길을 사랑으로 받쳐주어
새로운 미래를 더욱 가볍게 내디딜 수 있도록
정성을 쏟아주신 선생님.
"모두 다 잘되게 하여 주소서."

우리가 애써 배운 지식과 삶의 목적들이
사랑의 양분으로 거듭 태어난 참신하고 따스한 마음이
더욱 많이 자라게 하여 주소서.

하나님

당신의 눈길이 이르는 곳마다
축복의 은총으로 채색되어
이 세상 잘되게 하여 주소서.

제2부
별리(別離)

떠나는
그대 모습에
따뜻한 마음 전할 수 없어
천년 설(雪)을 덮는다
어느 생에선가
너의 품에 의해 녹을 때까지

별리 1

아뿔싸
또 하루가 광음 속으로 가네
그대 내 영혼 둘둘 감아
숨막히는 내 가슴 쉴 자리 없네

언젠가 산화될 우리들 생애
이별이 뭐 그리 황급해
그대 망각의 강을 선택해
긴 세월 적셔진 향내음 벗어나려 하는가

아직 이른 이별을
아무리 목놓아 부른다 해도
헤어짐이 내 인생의 어쩔 수 없는 업장이라면
그대 그렇게 떠나고 말리라

그대 자신의 일이 아닌지도 모르면서
죽음보다 힘든 이별을 선고한다.

별리 2

그대
설레임으로 시작된 만남이
너무 어두운 별리의 깊은 강물 속을
헤매임에 그리 많은 시간이
걸리지 않았습니다.

왜 그럴까
내게 다가온 것은 그대 떠난다는
몸짓 하나뿐이었는데
내 몸 어디에도 상처준 일이 없는데
나는 끝간데 없는 고독의 늪에서
가장 큰 고통이라며
흔적 없는 깊은 상처에
끝간데 없이 무너져 내릴까

그대 담아 놓았던 가슴은
철옹성처럼 견고하여
나는 영원히 부술 힘이 없네

별리 3

본래
있는 것인 줄 알고
막연히 살아 왔습니다.

만상이 다 만남과 헤어짐의 바톤을
주고받으며 윤회하는 세상사

그러나 우리들의 만남만큼은
예외이길 고집하고 살았나 봅니다.
전생에 지어 놓은 연의 농사만큼
그 업보에 의해

다가오고 멀어져 감을
지금도 알 수 없습니다.

별리 4

너무나
소중하다는 생각에
손 닿는 곳에 있는 그대를 보며
그대 향내음 취했을 뿐
나는 가까이 다가설 수 없었네

잡으면 부서지는 줄 알고
행여 닳아버릴지도 모른다는
두려움 앞에
정면으로 볼 수 없어
나약한 고개만 수없이 떨구었네

주체하기 힘든 감정의 고통은
"사랑한다"
그 말조차 막아 버렸네

별리 5

우리는
아직도 별리의 경험이 필요한 건가
한 세월 사랑으로 채색해도
여한이 남는 인생이련만
별리의 찬바람은 어찌하여 가슴을 에이게 하는가

어느 날 폭풍우에 떠밀려 베인 상처가
손 들어 편히 보낼 수 없는 아픔이라지만
그 상처 건드리면 상채기는 더욱 싶어질 것을

진정으로 그 마음 사랑의 문을 열 수 없다면
두고두고 상처는 흔적을 남긴다.

얼마나 더 많은 시간을 번뇌해야
사랑의 소중함을 발견할까

다음 어느 생에선가 되갚을 인연

별리 6

사랑이 나이 들면 원망이고 말고
누군가를 사랑하다 마음이 지친 뒤엔
암 세포처럼 붉어지는 원망인들
어쩔 도리가 없다

사랑하는 그를 가슴에서 쓸어내고
세월의 질곡을 한없이 헤맨 뒤
사랑은 영원하지 않음을 깨달은 뒤
자신의 들판에 깊이 잠든 영혼을
깨울는지 정말 모를 일이다

아!
소중한 오늘 하루도
끝내 풀지 못한 사랑
삶은 무엇일까!

별리 7

기억하려 해도
떠오르지 않을 때는 언제일까
그 모습
잊으려 애쓰면
더욱 못 잊어 떠오르는
미소 띤 그 모습
언제까지 그대에 대한
망부석으로 남아야 하나
기다림의 보람은
어느제
어떤 모습으로 오는 걸까
번뇌의 업장도
접어야할 그리움도
지금은 아름답지만……

별리 8

내일은
운명의 그늘에서 벗어나려나?
님은 고단한 표정을 지으며
안녕이란 말도 내게 주지 않은 채
나의 애원의 눈초리도 아랑곳하지 않고
그렇게 떠나갔습니다.

님이여 그날 이후 아직도 걷히지 않고
검디 검은 먹구름을 내 하늘에 보낸 줄은
상상도 못했을 겁니다.

한때는
님을 탓하기에 익숙한 날들로
일상을 채워도 보았습니다.
그런데 어쩝니까
미워할수록 님의 해맑은 미소는
더욱 밝아질 뿐인 것을

비록
수많은 시간이 흐를지라도
언젠가 님으로 채워질지 모를
나의 가슴에 비워둔 빈자리는
청결함을 잃지 않겠습니다.

별리 9

나에게 사랑은
사랑한들 무엇합니까
언제나 그랬습니다.
님에게 관심의 대상이 될 수 없는
그런 초라한 존재이기에
나의 감정을 이야기하기엔
그대의 마음은 아직 동면 중인 것을
능력을 벗어난 감정 앞에
가슴이 뜨거운들 무엇합니까
뜨거운 사랑을 보여 줄 기회조차 없이
내 푸른 날들은
모두 내 것을 속절없이 외면했습니다.

이제 감미로운 사랑일랑
다시는 생각을 말자는 서글픈 다짐을
日月과 칵테일 하여 수없이 마시며
나의 깊은 사랑은 동면에 빠져버린 채
다시 무엇인가를 기대할 수 없는 세월만 자맥질하며
속절없는 세월에 주름만 깊어집니다.

별리 10

세월이 가고
"나는"
아직도 님의 일부로 존재함을 포기한 적이 없습니다.

때때로 고운 미소로
빛나는 눈빛으로
부푼 가슴으로
칠흑 빛 머릿결로
가냘픈 손끝으로
예쁜 발끝으로 공생합니다.
억겁의 세월 속에 님과 나는 서로를
간직할 수밖에 없는
숙명을 타고난 모양입니다.

별리 11

아름다움만 꿈꿔 온 사랑에
별리는 생각도 못했습니다.
이유 모를 칼날에 가슴을 베어
치유될 수 없는 아픔만 남았습니다.

사랑은 감미로움 그 자체이련만
오늘은
그 마음 본질은 어디 갔기에
이유 없이 밀러드는 미움만 쌓입니다.
꽃보다 아름답던 솜사탕보다 감미롭던
사랑의 밀어가 생각 없이
버려진 넝마만큼도 못한
아무도 세탁할 수 없는 한없는
슬픔이 묻어 있습니다.

별리 12

사랑
진실로 말하자면
언젠가는 산산이
부서지는 것이라지만

미련에 눈먼 가슴은
영원하리라 꿈꾸고 있었다

어느 날 별리란 이름을 앞세우고
현실로 다가설 때도
아무런 준비 없어 믿지 않았고

더는 기대할 수 없는
현실에 직면했을 땐
"차라리"
말없이 울 수밖에 없었다.

언젠가 찾아들 별리가
이제 다가왔을 뿐이라고

별리 13

그날 이후
네가
어느 날 이름 모를 타인의 영토에서
뿌리를 내려
양분을 섭취하며 살지라도

너의 체취로 채색된
나의 가슴 한켠엔
언제가 한번이라도
다시 웃으며 다가설지 모를
네 빈자리를 비워두는 것
그것이 나의 삶입니다.

별리 14

추억을 곱씹으니
마음은 순간
그대 곁에 다가섰네
그대는 알 리 없을
생각 밖의 모습
연의 엇갈림 속에
그대 주위에서 서성이는
어설픈
또 다른 삶
내가 포기하려는 마음마저도
잃을 때까지
때때로 설레이는 마음으로 살
또 하나의 사랑

별리 15

언젠가는
잊어야 할 얼굴인데
세월 저편의 흔적일 뿐인데
왜 나는
지금도 그를 잊지 못하나
그리워하며 산들 무엇하나
이미 그는 "나를"
잊었다는 생각조차 잊었을 것을
아지도 미련이 님아
언젠가는 다시 만나게 될 거라는
어리석은 행운을 꿈꾸는
어리석은 이여!

별리 16

이 세상에 태어나
하찮은 인연이라 생각하기엔
옷깃을 스친 시간이 너무나 많았습니다.
나는 그 시절을
당신의 동의도 없이
사랑이라 말합니다.
늘 당신 곁에 서 있는 것만으로도
행복해 하던 어느 날
나의 감정에 관계없이
당신을 가벼운 마음으로
별리의 말도 없이 떠나갔습니다.
그리고 한참의 시간이 지나갔습니다.
언제나 눈만 돌리면 바라볼 수 있던 님이여
이제 이곳엔 당신의 화사한 모습도
당신의 또렷한 발자국 소리도 멎은 지 오래입니다.
그러나 적막의 반주에 맞춰 때때로
더욱 또렷이 다가와 나의 몸에 부딪쳐 스며드는 님의 환영은
어쩔 수 없습니다.

별리 17

모두에게 꽃피는 계절이지만
나의 봄은
메마른 토양이었습니다.
가진 것도
싹 틔울 소중한 사랑을 위해
양질의 양분을 비축하지도 못했습니다.
나의 봄은 속절없이 무상에 잠식되어갔습니다.
아무도 나의 봄을 보아주는 이 없었습니다.
적막보다 더 아픈 것은
그리움을 그리움이라 아무에게도 표현할 수 없었음이
었습니다.
아 아!
세월의 여신은 나에게 조금의 여유도
주지 않은 채 초로의 강가에서
채근하고 있습니다.

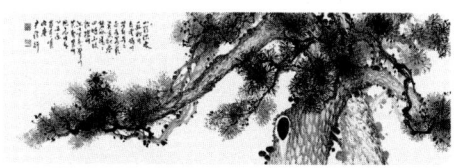

별리 18

속삭임으로 감미롭던 그 날들을 한숨으로 덧칠하는 오늘은
그만큼의 만남이었기에
저 산마루 잠시 걸려 있다 흔적조차 남기지 않는
조각구름처럼 바람에 흩어지는 기운일 뿐
내 가슴에 혹독한 명상은 아닙니다.
이 세상에 존재하는 그 무엇도
본래 영원한 나의 존재의 한 부분으로 덧칠할 수 없음을 알면서도
그러나 적잖은 가슴앓이의 인연들
그것이 마음적실 그리움의 눈물이 될지라도
그 속에 용해되고픈 삶의 고뇌여!
그대로 보냄이 마지막일 수 없음은
내 마음이 아직도 그대의 감미로운 늪에 허덕이고
있음입니다.
세월이 가고 그 위에 내가 누울 때 나는 주름잡힌
그 사랑 속에 묻히리라.
긴 세월
잠들 수밖에 없습니다.

별리 19

깊은 밤
이토록 잠 못 들며
과거를 연모하는 것은
그대 향한 그리움의 방 속에 내가 있기 때문입니다.
오늘도
내가 해야 할 일은
님을 위해
이미 다가온 이별일지라도
화사한 몸짓이 다시 잉태되길
목숨 바쳐 기도드릴 따름입니다.

별리 20

그리움은
아픔의 응어리임을
숱한 경험을 하고도
바로 설 수 없는 능력의 한계를 원망하며
또 다시 원치 않는 언덕에 서 있네.

 늦가을
찬바람에 못 견디어
가지를 떠나는 잎새처럼
때로는 어쩔 수 없는 이별이라지만
얼마나 반복된 후에야 우리들은 철이 드는 걸까?

 내 몸
어느 구석에 아직도 보내고 그리워하는
시련의 뿌리가 남아 있기에……

 이제 헤어짐도 길들여져
덤덤히 받아들이는 재주도 배웠으련만
아직도 이별의 열병에 고뇌하는
여정이 남아 있던가?
어쩌면 후회할지 모를
먼 훗날의 삶의 고뇌를 벗 삼고 있을지 모를
어리석은 우리는 아닌지……

별리 21

"그리움"
내일은 만나게 되리라
설레임으로 잠 못 이루는 이 밤은

그리움으로 잉태된 설레임을
모두 다 바쳐도
아까울 게 없다.

차라리 가득히 밀려오는
고독함만 없다면
언제나 이대로 그리워하며 살 일이다.

그대를 향한 마음이
때로는 상처를 동반한 위험도 모른 채
이대로 영근 사랑이고 싶다.

때로 소유하고픈 그리움이
마음을 태울 때면
운명의 촉매에 의지한 채
마음속에 간직한 꽃다발을
헤어 볼 일이다.

별리 22

만남은
그대 곁에
새로 태어남입니다.
그대의 마음속
존재의 시작입니다.
시간과 함께 성장해가는
진록의 열정입니다.
어느 날 그와 내가
한쪽에게 상처를 주기 전까지는 말입니다.
계절의 변화처럼
봄 여름 가을 겨울이 몇 번인가 반복된 후
우리는 어느덧 후회라는 단어를
상식처럼 남기고
시린 가슴만 한아름 안은 채
만남은 이별이란 잎에 노란 물을
들이고 있었습니다.

별리 23

때로는 숙명이라는 이름으로
누군가를 그리워하는 이 있어도
빈 마음으로 살아가는 삶이 있다.

간절한 심정으로 불러본다 해도
그것은 그의 가슴에 메아리도
되지 못한다.

인연이 뭐길래
왜 이리 잊을 수 없을까 그대 가슴
빈약한 가슴이라
덥혀 줄 사랑조차 미진하면서

그 옛날 던져 버려진 가벼운 여운일진대
그 흔적 남기려 되짚어 보는 기다림들
내 영역
애정이 식지 못한 자유라지만……

별리 24

님이여 저의 부족함을 잘 알고 있습니다.
그러나 나는 아직 잊기 위한 시간을 만들지 못했습니다.
어느 날 준비 없이 맞이한 님의 눈빛에서
슬픈 이별을 예감했을 때
나는 두려움에 아무 말도 할 수 없었습니다.
몇 번인가 당신의 마음을 두드려 보았지만
나에게서 한번 식어버린 당신의 사랑의 불꽃은
나의 소극적인 기름으로는 다시 예전처럼 님의
마음을 덥힐 수 없음을 알았습니다.
아직도 나의 내면에 가득한 짙은 사랑은
그 문도 열지 않았는데
그 후 시대에 맞게 병들지 않은 나의 사랑의 방식이
죄가 된다는 것을 알게 된 것은
별리의 아픔에 몇 날 며칠을 한없이 눈시울을
적신 후였습니다.

별리 25

사랑은
한 떨기 꽃이었습니다.
한 순간 피고
지고 말면 그뿐
그곳엔 가슴에 이는 그리움도
절대적 믿음의 희생도
이미 존재치 않습니다.

별리 26

어느 날
그리움이란 단어 속에
감춰진
별자리로 이어지는 상처
헤어져야 하는 원인조차 내 자신의
무능과 그대 담아놓을 수 없는
작은 가슴임을 결코 부정할 수 없는
그런 만남이 있다.
그러나
이별이 뭐 그리 급해
망각의 강을 서성이며
긴 긴 세월 몸에 배인 향 내음
벗어나려 하는가

별리 27

만나고 헤어짐이 잘 짜여진 운명이라면
어느 한쪽의 생각만으로는 이루어질 수 없음을
철없을 땐 정말 몰랐습니다.

춘하추동이 수없이 되풀이된 지금도
그 모습 지워지지 않습니다.
숙명처럼 가슴 한 켠을 내주고는 아직도 그 자리
비우지 못합니다.

아무런 흔적도 남은 게 없지만 혼자만 가슴앓이
했던 별리 그 사람 나에게서 떠난 줄조차
인식치 못하는 일들인데
계절의 끝자락처럼 모든 세포가 쇠락한 지금도
그대 내 가슴 자리한 아름다운 그 모습 그대로입니다.

어쩌면 그 시절 헤어짐으로 장식됐던 사진 한 장처럼
내 가슴속에서 더는 퇴색하지 않는 모습에
별리를 덧칠하며
때때로 그대 모습 음미합니다.

아직 환한 모습으로 그대는 웃고 있습니다.

별리 28

사랑의 감정이란 것이
세상 모든 두려움을 가려버렸습니다.
다가올 아픔조차 모른 채 단순한 행동만 거듭되었습니다.
모든 것 다 주어도 아까울 게 없다는 생각이
들었습니다. "사랑은"
누구나 한번쯤 거쳐가는 것과 전혀 다른
나만의 영원한 사랑임을 다짐했습니다.

쉽게 만나고 헤어지는 이들을 이해할 수 없었습니다.
그들의 감정에 타오르는 불길은 너무나 작다고
느꼈습니다.

그러던 내가 수많은 세월을 별리의 아픔으로
덧칠한 님의 모습을 떠나 보내지 못하고 있습니다.
그대의 가슴에 전이되지 못한 나의 꿈을 차라리
운명이라 이름 짓겠습니다.
세월 흘렀지만
지금 그대에게 기도드립니다.
나를 버린 대가 이상으로 행복해야 된다고

제3부
藝　路

아 아!
두고두고 남기지 못한 육신의 옷
올 속 깊이 스며는 筆硯의 苦
한바탕 꿈이 깨고 나면
"그대"
남겨질
이름
이름이여!

藝路(筆硯의 苦)

세상에 태어나
한 生의 路程에서
할 일이 참으로 많습니다.

숱한 저마다의 갈림길에서
어느 날 자신이 가고 있는 그 길이
이미 정해진 業의 결과임을 의식하지 못한 채
재촉하는 緣의 틀에

☉♀을 할애한 우리들에게
그 길을 사람들은 藝道라 말합니다.

순백의 대지 위에 검은 水體를 품어
점점이 일구어가는 붓 한 자루에
혼신의 힘을 묻어 둔 세월 속에는
짙은 환희의 모습으로 숨쉬지만
때로는 신기루처럼 사라지는 착시현상에
가슴 후려내는 허탈도 경험해야 했습니다.

아 아!
두고두고 남기지 못할 육신의 옷
올 속 깊이 스며든 筆硯의 苦
한바탕 꿈이 깨고 나면
그대
남겨질 이름
이름들이여!

한 생에

만남과 헤어짐이 많기도 하지.
세월은 물처럼 흘러만 가고,
우리들의 갈 길도 정해져 있네
때에 맞춰 피고 지는 뭇 꽃들처럼
인생에 더 채울 수 없는 인연의 틀이라면
우리 마음인들 어찌할 건가.
이제까지 모듬은
작은 만남뿐일지라도
藝行은 내일의 열매를 위해
늘 고마움 잊지 않고
지극히 소중한 날들이었음을 오래오래
기억하겠습니다.

藝路

누구나 꽃을 피울 수 있지만
긴 시간을 필요로 할 때
기다림의 고뇌에 방황할 때도
노력의 양분을 주어야 합니다.

때로는 노도처럼 밀려드는
고뇌라 할지라도
긴 세월 그리워하며 못 잊어 하는
사랑하는 사람을 만난 듯
가슴으로 반기는 사랑에 몫을 나누십시오.

님의 세계에 드리워진 영혼은
결코 이루지 못할 것은 없습니다.
비록 님의 흘린 땀이
수없이 녹아내린다 해도
그것은 또 다른
님의 내면의 피어난 진정한 모습입니다.

"藝路"
고뇌의 양분으로 피어난 꽃
결코 순간만을 위한 것이 아닙니다.
먼 훗날까지도 님의 이름을 굳게 지켜줄
값진 파수꾼이 될 것입니다.

藝香

수많은 길 속에
먼 길 돌아 돌아 이곳에 이른
힘겨웠을 님들의 예로를 위해
가슴속 깊은 곳에 따뜻한 불씨 하나 꺼내서
활화산처럼 타오를 군불을 지펴
따뜻한 방 하나 마련하겠습니다.

오늘도 내일도 묵묵히 갈아 덮을
님의 한밭갈이를 지켜 보겠습니다.
비록 지금에사 가슴에 닿지 못하는
아쉬움들로 아픔만 고여 있다 해도
언젠가는 넓은 초원 나뭇가지 위에
걸쳐지는 노을의 아름다움을 만나게 될
그날을 위하여……

藝路(영혼의 무지개)

이 길은
온갖 꽃이 피어나는 향기 짙은 여정입니다.
님이 흘린 소중한 땀은 짙은 양분이 되어 님의 心田에 뿌려지고, 산화하는 時空 속에 곱게 드리워지는 藝魂은 점점이 모자이크되어 어둠 속에 불꽃보다 호수의 연꽃보다 더욱 찬란히 피어납니다.

그러나 藝行은 때론 먼 길을 돌아가라 이릅니다. 끊임없이 막막한 질곡의 길이라 해도 가슴에 품어 용해시키라 이릅니다.

타인이 소유한 장밋빛 향기에 취해 자신의 발밑에 피어난 들꽃의 청초함을 깨닫지 못한다면 진정한 藝路의 주인이 될 수 없음을 이릅니다.

세상에는 얼마간의 상실을 각오하지 않고 얻을 수 있는 것들이 그리 많지 않다는 것을 늘 기억하라 합니다.

누가 이 길을 가라 하지 않았건만
운명처럼 점철된 藝路
빠르고 쉬운 길보다
아프고 더딘 길로
자진해서 걸어온
기나긴 인내의 旅程
깊은 고뇌 없이 피어난 藝花 속에는
결코 영혼의 무지개가 뜨지 않는다는 것을
늘 기억하라 이릅니다.

藝花

한 생에 인연 깊어 펼쳐진 예로
곧은 길 굽은 길 가도가도 남는 길
한숨이 먹구름처럼 비구름 몰고 오면
번득이는 섬광 속에 밝혀진 묵빛
숙명처럼 갈아엎은 농부의 여정
四季를 양분으로 승화된 藝花

書道 · 1

연륜(年輪)의 굴레에
움트는 묵(墨)빛이
성숙(成熟)을 갈망하며

고독(孤獨)한 미로(迷路)에서
장탄식 방황(長歎息 彷徨)에
던지고픈 일척단죽(一尺短竹)

숙명(宿命)의 터널에서
실낱 불빛 찾을 테면
잠시의 희열(喜悅)에
모든 고뇌(苦惱) 위로 받고

원난(遠難)한 이 길을
연연(連延)한 오늘이
거대(巨大)한 예봉(藝鋒)으로
끊임없는 도전(挑戰)으로
때로는 앞서거니
때로는 뒤서거니
검은 연기(煙氣) 토해내며
만고세월(萬古歲月) 지킨다.

書道·2

日月의 궤도(軌道) 위에
나 있음에 전개되고
수련하는 이 길이
인내를 재촉한다.

가도 가도 검은 연기
미로 속의 깊은 한숨
행여나 자만할까
행여나 포기할까
뒹구는 하루 하루
한숨 쌓여 태산인데

인고를 良藥으로
실낱 희망 촉을 틔워
참 의미 심고 가려
선택한 묵의 행로

영그는 향기 속에
숙명의 동반자들
영롱한 주옥으로
어느 때나 장식될까

書道·3

우연과 필연 사이
꾸려 놓은 小우주에
과거란 거울 속을
가만히 살펴보면
이승은 섬광 앞에
풀 끝의 이슬이라

한 생의 기착지를
인고로 서성이며
이제는 잡힐 듯한
짙은 향내 꿈을 심고
아로새긴 묵빛 한 점
혼을 섞어 열정인데

소망도 이리 길들면
천지간에 一通이라
이루어진 혼혼단죽(魂混短竹)
후려내는 님의 정기
분심지성(奮心之誠) 영원 진도(眞道)
그대 곁을 밝히리라.

書道 · 4

이승에 몸담으며
점지 받은 흰 밭 하나

봄 여름 가을 겨울
쉼 없는 윤회 속에
연약한 붓 끝으로
사계를 두루 갈아

인고를 양분으로
글 씨앗 촉을 틔워
한 매듭 두 매듭
열정으로 가꿀 때에
밀려드는 한숨일랑
연지(硯池) 속에 즈려넣고

갈리는 묵빛 따라
방울방울 영롱한데
은은히 압도하며
취하는 묵향 속에
아련히 스며드는

열정의 향연
이 길에 한 생 담아
쌓이는 나이테들
펼쳐오는 내일이야
꽃이요 열매러라

제4부
마음의 등대

마음, 마음
마음이여
펼치면 천하가 좁고
접으면 접을 것조차 없다네

등대

"마음"
마음, 마음이여
펼치면 천하가 좁고
접으면 접을 것조차 없다네

한몸이 억겁이라
무엇에 비길건가
본래가 법왕인데
소중함 또찾으니
등대가 어디인지
눈뜨고 볼수없네

牛龍閣 脫大圓鐘

黃牛山精 옴마니
구름걷고 해가돋네
天地는 迷妄인데
法身에 佛音이라
마음속 잠든靈魂
佛音運氣 心印되고
大道衆生 탐진치는
佛音속에 三昧드네
三千界가 깨달음에
六門이 밝아오니
輪廻의 세상업장
보시의 禪風일고
懺悔의 禪定앞에
綠水가 흘러가듯

天地間에 모든 惡業
佛音앞에 草露이라
八萬門이 맑은 香氣
이 종소리 山河젖어
今生이나 來生이나
養生法道 열어주며
億劫의 煩惱妄想
必滅의 和音이뤄
마음이나 몸이거나
佛音속에 平安얻네

辛巳年 음 오월 십 칠일
鐘閣建立記念詩

오늘은

숱한 변화의 소용돌이
바람과 구름이 뭉쳤다 흩어지는
음침한 하루

너와 나
갈구하는 짙은 몸부림들
오늘이 가고 나면 내일은
잊혀진 흔적

인생은 블랙홀
맨홀처럼 깊이 빠져드는
고독의 검은 그리움

그 누구도
받아서 채울 수 없는
주면서 비우는 사랑

늦가을

낙엽 지는 계절이 오거들랑
노을진 당신께 묻겠습니다.
화사한 봄꽃의 향내음
영영 돌아갈 수 없는 발자욱을 아시냐고

스산한 가을이 오거들랑
퇴적된 日月을 받쳐 들겠습니다.
삶의 자욱에 깊이 물들어 주체할 수 없는
낙엽 소리는 어찌하냐고

낙엽의 주름이 깊어지면
사랑 속에 함께 물든 님에게 묻겠습니다.
깊어진 인연 속에 다가 올
긴 겨울은 어찌하냐고

제5부
因緣의 님이기에

살아 있으므로 해서
점철 된 인연
잠시 스치는 인연도
가슴에 묻고 살렵니다.

민들레처럼

우리들은
함께 속삭이며 감싸주던 둥지를 떠나
솜털 나래 훨훨 날아 새로운 초지를
찾아가네.

緣 닿는 어느 곳일까
날다 날다 날개 접고 살포시 앉으면
오월 훈풍 녹유 방초에 한 생이 젖어드네.

그 이름 억겁인들
인간 연을 모를 건가,
내 몸 네 몸 머무는 곳 만리라도 목전이라
마음 손 안에 있네.

마음 삼삼 내 사랑아
둥기 둥기
어화 둥둥 내 사랑아
민들레 민들레처럼 참 사랑 품어지고
낙원이나 조성될까

   아들 원상이의 결혼에 붙여

이종선 님의 정년식

이 길 위에 새겨 놓은 님의 발자국
점점이 묻어나는 삶의 고동소리는
주체할 수 없는 모든 추억들을
가슴속 깊이 깊이 묻어둔 채
입 속으로만 맴돌다
이제 말없이 돌아서야 할 님이여……
긴긴 세월 님의 손길로 일구어 낸 옥답에는
그리움으로 온 가슴 전세 낼 우정이 온정이의
열정으로 밝게 피어납니다.

종착역
님의 열정으로 깔아놓은 두 갈래 기찻길
이제 한 생을 대가로 다다른 님의 역사에는
어느덧 곱게 물든 노을이 내리고
우정이 온정이의 환호소리가 높고 넓게 메아리칩니다.
만남에서 헤어짐까지는 왜 그리 짧은 것인지……
이 뜻 모를 그리움은
님이 우리에게 준 열정이 아닌지요.

선물이었습니다.
이 들녘 가득 메우고 있는 그대의 인연 앞에
아름다웠노라 지극히도 아름다웠노라고

회상할 수 있는 지금
환하게 웃음짓는 그대가 떠오르는 건
아마도 사랑인 것 같습니다.

是然 선생님께 (고은)

"생"은
단단한 각질에 싸여있는
맨틀처럼 분출되지 못하는 뜨거움

어쩌면
긴 세월을 늘상 상실감만 가득히
자맥질하며 살아가는 것이 인생이 아닐는지

잠시 아름다운 꽃길을 지나듯
신기루처럼 예약 없이 다가오는 인연의 틀에
연의 길이만큼 언제나 다정한 친구가 되어주는
능력의 지속성을 행운이라 했습니다.

세월 가고
상실의 촉매에 의해 삶의 부분만큼
비워진 공간에 님의 소중한 엽서 한 장
담아 두겠습니다.

"님"은 할 수 있어요

그 뿐이 아니랍니다.
님은 가능성의 선상에서
이미 독주하고 있답니다.
그것이 과욕의 덫에 걸리지만 않는다면
말입니다.

고통의 목마름은
그 속에 오아시스를 지녔지요.
아무나 발견할 수 없는 오아시스,
그러나
님이 발견한 오아시스는
분명 신기루는 아니랍니다.

설레이는 밤이 때때로 있다면
그것을 누가
구태여 행복이라 말할 필요조차 있을까
어둠 속에 별처럼 반짝이는 萬想
그것은 분명
님의 몫인
님의 세상입니다
아무리 넓다 해도 포용될 것입니다.

님은
이삭 줍는 여인이 되기보다는
이상의 밭을 가꾸는
짙푸른 꿈의 나무를 보살피는
"農婦"
그런
고뇌의 여인이 되고 싶어
이 길에 섰습니다.

김삿갓 묘소에서 1

"병연이 형"
긴 세월
역사의 수레바퀴 돌고 돌아
영월 땅 깊은 골에
영혼만의 상봉이여!
외로움의 응어리
질곡의 한 생애
한잔 술에 시름 잊고
동가숙 서가식
시 한 수로 달랜 영혼
짓궂은 운명의 틀에
제물이 된 석학이여!
그 밝은 빛은
먹구름에 가리워져
인간 연을 뒤로 한 채
응어리 깊던 가슴 가슴이여

하늘은 빛나는 님을 내고
잘못 빚은 질그릇처럼 깨어 버렸소
갈 수 없는 길에 익숙하려고
삿갓에 묻은 통한의 가슴이여

김삿갓 묘소에서 2

하늘은 님을 내고
님은 하늘을 향해
절규하였습니다.

"꼭" 그래야만 했습니까
모질고 야속한 운명의 신이여
그가 천상에서 지은 업장이
대체 무엇이기에
그 넓은 천하를 삿갓으로 덮어야만 했습니까
삿갓 위에 머문 숱한 태양빛
그리고 밤하늘에 쏟아진 무수한 별빛들은
참 삶의 진실을 외면한 채
그렇게 님을 방랑자로 만들기에
분주하였습니까?

삶 전부를 반항의 기름으로 승화시켜
불멸의 이름을 남긴 "병연이 형"
그 이름 삿갓 하나 얻기에
몸 바쳐 울었습니까?

김삿갓 묘소에서 3

낙엽 지는 계절이 오면
노을진 당신께 묻겠습니다.
떨어져 밟힌 시간의 무게를
어떻게 사랑했냐고

스산한 바람이 옷깃에 스미고
고독의 시로 깊은 한을 절규 할 때
살갗을 에이는 시간의 덧칠들은
삿갓 속에 잠들었네

천지에 낙엽이 뚝뚝 떨어지면
주름 깊은 당신의 너털 웃음 들려오며
따스한 화톳불처럼 때로는 한의 용광로처럼
불타던 님의 시구 젖어오네

日月의 同伴者

어느 날
우리들은 준비 없이 만났지만
주고받는 마음 씀에
生育의 양분 되려 서로를 의지한 채
日月의 동반자가 되었습니다.

소중한 나날들 속에 움튼
因緣의 싹은
오늘이라는 정원에 옮겨져
향기로운 양질의 꽃망울을 위해
깊은 사랑으로 채색됩니다.

먼 훗날까지 영원히 간직될
소중한 인연의 열매들을 위해
후회 없을 한 생의 만남들이여!

그 緣의 깊이가
단 하루의 짧은 시간일지라도
소중히 간직하고 늘 감사하는
우리들이게 하소서!

님을 만나 따뜻했습니다.

님을 만날 수 있어 참으로 행복했습니다.
어느 날, 싹을 움트게 하기 위해
촉 위에 찾아든 봄비처럼
우리는 서로를 의지하며
일월의 동반자가 되었습니다.

가녀린 가지 위에 힘찬 성장을 지속하며
님의 체취에 꽃망울은 벙글고

향을 사룬 고운 님의 정담은
두고두고 간직할 緣의 풍요로운
촉매입니다.

다다른 緣의 가지 끝에
오래 오래 두고픈 만남의 여정이여!
소중한 님과의 고락지정이 발갛게 물들 때
무엇으로 덧칠하여
긴 세월 간직할 각질을 만들건가……

인연이여!
세월의 양분으로 퇴적된 사연들……
님의 따뜻한 마음

님의 미소 띤 모습
님과의 아름다운 추억 외엔
이 마음에 더 채울 빈 자리는 남겨 놓지 않겠습니다.

因緣 1

돌아보면
만남의 소중함보다
베풂의 빈약함에
늘 아쉬워하는 습성들로
또 다시 한 해를 채웠습니다.

저마다
이미 모자이크된
한 생의 굴레라지만
그 얼마나 소중한 날들인데
어느덧 세모(歲暮)의 정점에서
언제나 반복되던
깊은 밤 풍경소리 듣습니다.

"인연"
그 끝 모를 생과 함께 반복되련만
그 緣의 각질 속에
두고두고 후회 없을
양질의 양분은 언제나 채울는지……

"님이여"
진정 사랑합니다.

어느 날 예고 없이 만나
삶을 함께 채워 가는 이 길에서
님이 있어 더욱 짙은
행복의 향기에 젖습니다.

우리들의 소중한 내일은
모두 격의 없는 사랑으로 채색되면
더 없이 행복하겠습니다.

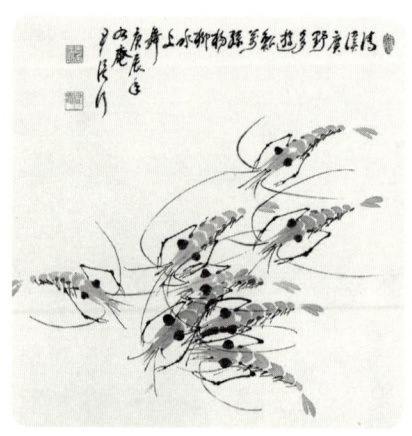

因緣 2

세월만큼
녹아내린 내 삶 어딘가에
잊을 수 없는 얼굴들이 있습니다.

어느 날
예고 없이 만나
삶의 한 부분을 채워 가는 길에서
님과 함께 걷던 그 나날들은
가슴 깊이 각인되어진
잊지 못할 소중한 날들입니다.

인연……
그 소중함의 끝이
어디쯤일까 알 수 없지만
아름답게 수놓는 일은
우리들의 몫
두고두고 후회 없을
양질의 미소만 담으렵니다.

"님이여"
우리의 소중한 내일들이
저마다 뿌듯한 소망이 영글며
모두 격이 없는 사랑으로 채색되면
더 없이 행복하겠습니다.

"어버이"에 흘린 눈물

님은
마음과 눈으로 눈물지었고
나는
마음으로 울어야 했습니다.
그렇게도 마음을 후려내야 했던
추억의 언저리는
진정 슬픈 눈물이 아니었기에
한없는 행복이었습니다.

가다 가다 뒤돌아 본
아픔의 그림자가
영롱한 구슬처럼
눈언저리 맴돌 때에
삶은 소중한 아픔을
방울 방울 맺습니다.

"가슴"
가슴 한 곁에
두고 두고 간직하면
영롱한 진주가 될
"눈물"
눈물들……

跋 文

 사람은 시간 속에 살며 그 시간의 의미를 '歲月'이라 이릅니다. 그 세월이 나이 든 사람에게는 덧없음으로, 어느 사람에게는 아픈 기억으로 있음을 보게 됩니다. '歲月'을 말하는 사람 중에는 세월을 歎하는 경우가 많습니다. 특히나 세월을 많이 살아 온 분들은 삶의 桎梏이 그만큼 많았고 桎梏이 많았던 만큼 자신의 처지에 관해 感傷에 젖어드는 경우가 많습니다. 그런데 많지 않지만 그렇지 않는 분들이 있고 그 중에도 유독 우리 宇岩 선생은 아픔도 세월이 있어 아름다움으로 일깨우시는 분입니다.

 시련은 극복에 의미가 있으며 희망은 성취의 기쁨을 안깁니다. 겨울이 있어 봄이 아름답듯 모진 겨울을 지나 봄의 생명이 갖는 신비의 감동을 이어 오신 분입니다. 離別마저도 원망이 아닌 세월 뒤의 아름다움으로 살아오신 분입니다. 우리 宇岩 선생의 생을 보면 바로 시련과 고난을 아름다움으로 승화해 오셨고 온 생을 藝路의 삶을 계속해 오셨습니다. 宇岩 선생은 詩人으로 나셨고 詩가 배워서가 아니라 삶을 詩로 사셨습니다. 아픔의 세월도 藝道로 승화시키고 혹한의 겨울도 봄을 기리는 마음으로 살아오셨습니다.

필자는 大有坪에서 宇岩 선생을 만났습니다. 不惑을 지나 知天命, 耳順의 세월을 뵈며 宇岩 선생의 청소년기의 고초를 헤아려 볼 수도 있었고 생의 苦惱를 뵈어도 왔습니다. 함께 필자의 세월 이야기를 너무도 진지하게 들어주셨습니다. 그런 宇岩 선생께서 "아픔은 세월 흐른 뒤 아름다움이었다"는 두 번째 시집을 내십니다.

宇岩 선생의 詩 언저리에도 이르지 못하지만 첫 번째 시집, "한 그루의 해송이 되어"에 서문을 써 올렸듯 宇岩 선생을 보는 제 마음과 아드님이 필자의 신임학교의 2회 졸업이라는 말씀에 또 한 번 깊은 緣을 느끼며 시집 끝에 그 所懷를 옮깁니다.

2009년 꽃 샘 바람 매서운 날에
효원고등학교장 이 덕 진

*아 없다
세상 호풀 듸
아름다움이 없다*

2009년 5월 17일 발행

역자 우암 윤 신 행
주소 경기도 수원시 장안구 영화동 444-6
전화 031-243-6056, 010-2343-6056

발행처 月刊 書刻文人畵 · 이화문화출판사
등록번호 제300-2001-138
주소 (우)110-053 서울시 종로구 내자동 167-2 인왕빌딩
전화 02-732-7091~3 (주문 문의)
FAX 02-725-5153
홈페이지 www.makebook.net

ISBN 978-89-8145-6653-0

값 7,000원

※ 저자와의 합의하에 인지는 생략함.
※ 잘못 만들어진 책은 바꿔 드립니다.
※ 본 책의 그림 및 글내용을 무단으로 복사 또는 복제할 경우에는 저작권법의 제재를 받습니다.